Annette Weber

Das Lese-Trainingsprogramm: Textebene

PERSEN

Die Autorin Dr. Annette Weber arbeitete 25 Jahre lang als Grundschullehrerin und ist seit 2002 als freie Autorin tätig. Sie schreibt erfolgreich Kinder- und Jugendliteratur, entwickelt Lernmaterialien für die Schule und arbeitet an Schulbüchern mit.

Gedruckt auf umweltbewusst gefertigtem, chlorfrei gebleichtem und alterungsbeständigem Papier.

2. Auflage 2018

Grafik: Katharina Reichert-Scarborough
Einzelne Grafiken: Barbara Gerth (Palme, Eis, Bett, Bus, Hexe, Besen, Schloss, Ritter, Kopf, Arm, Vampir, Schule, Glocke, Regen, Fußball, Schrank, Pflanze, Ast, Buch)
Satz: Satzpunkt Ursula Ewert GmbH, Bayreuth

ISBN: 978-3-403-23091-5

www.persen.de

Inhaltsverzeichnis

Einführung

Lesen lernen ist ein grundlegender Schritt in den ersten Schuljahren und immens wichtig für den weiteren schulischen und beruflichen Werdegang. „Wer nicht oder nur unzureichend lesen und das Gelesene verstehen gelernt hat, kann sich nicht selbstständig Wissen aneignen, in der Schule nur eingeschränkt den Anforderungen genügen, nicht an den neuen Medien selbstständig teilhaben und Lesen nicht als Bereicherung seines Lebens und als Mittel zur Informationsgewinnung nutzen" (Wedel-Wolf, Annegret. Anforderungen an Materialien zur Leseförderung. Grundschule 7–8/2003, S. 68).

Lesen meint hierbei natürlich mehr als die reine Technik, das Aneinanderreihen und Zusammenschleifen von Buchstaben – das mechanische Lesen. Lesen lernen im Sinne des Erwerbs der Lesekompetenz meint zwar auch eine ausreichende Lesefertigkeit und nicht zu vergessen eine grundsätzliche Lesemotivation, im Mittelpunkt steht jedoch das Leseverstehen. „Lesen ist kein Vorgang, bei dem zuerst alle Zeichen aufgenommen und den Zeichen Laute zugeordnet werden, die Synthese durchgeführt und anschließend der Sinn entnommen wird. Lesen ist eine von der Erwartung des Lesers gesteuerte Suche nach Informationen" (Hattendorf, Erna. Lesen im Deutschunterricht. http://www.bildung-brandenburg.de/4972.html. 2007, Stand: 04.12.2008).

Hier liegt jedoch für viele Kinder ein wesentlicher Stolperstein. Das zunächst gelernte „technische Lesen" (die Buchstaben-Laut-Zuordnung und das Zusammenschleifen von Lauten) bedarf einer sehr hohen Konzentration und Anstrengung. Die Kinder wollen lesen können und sind oft damit zufrieden, wenn sie die Buchstaben erkannt und in eine Lautfolge übertragen haben. Dies bedeutet für sie schon „Lesen". Dabei vernachlässigen einige Kinder leider schnell die eigentliche Sinnentnahme – vor allem jene Kinder, denen das Erlesen schwerfällt und viel Anstrengung abverlangt. Kinder, die nur langsam einen Zugang zum geschriebenen Wort finden, reihen häufig Laute aneinander, ohne zum gelesenen Wort eine Bedeutung zu assoziieren. Da das Erlesen der Wörter bereits so viel Mühe bereitet, werden Sätze häufig nur ratend gelesen. Da diese „flüchtigen" Leser den Sinn außer Acht lassen, kommt es immer wieder zu „unsinnigen" Leseergebnissen. Sind sie bei einem Wort unsicher, wird es einfach durch ein anderes, ihnen bekanntes, ersetzt.

„Kinder, die sehr ungenau und mit vielen Wortersetzungen lesen, müssen lernen, ihre Hypothesen am Schriftbild zu überprüfen und sich auch selbst zu korrigieren" (Wedel-Wolff, Annegret. Kinder mit Leseschwierigkeiten fördern. Grundschule 2/2005, S. 56). Übungen zur Ausrichtung der Aufmerksamkeit auf die Sinnentnahme sind daher von Beginn an wichtig, damit die Kinder ihre Lesemotivation nicht verlieren. Zusätzlich müssen die Leser dazu angehalten werden, ihre Sinnvermutung durch genaues Lesen zu überprüfen.

Besonders für Schüler, die aufgrund schwacher Leseleistungen intensive Übungen benötigen, fehlen oft entsprechend umfangreiche Materialien. Viele Leseübungshefte gehen schnell zu umfangreichen Texten über. Wenn jedoch die Sinnentnahme anhand überschaubarer Texte noch nicht ausreichend geübt ist, festigen sich schnell falsche Strategien.

Zur Konzeption

Nach dem interaktiven Lesemodell besteht Lesen aus zwei wesentlichen Prozessen. Zum einen wird die erlernte Laut-Buchstaben-Zuordnung zum schrittweisen, mechanischen Erlesen des Wortes eingesetzt (Bottom-up-Prozess), zum anderen der jeweilige Kontext zum Aufbau einer Sinnerwartung genutzt (Top-down-Prozess). Nur wenn beide Prozesse gleichzeitig und in Wechselwirkung ablaufen, führt dies zum gewünschten Leseerfolg. Der schnelle und sichere Leser kann die verschiedenen Lesestrategien kombinieren und flexibel anwenden.

Die vorliegenden Leseübungen sollen die sichere Anwendung beider Lesestrategien trainieren. Durch die Übungen sollen die Schüler dazu angeregt werden, anhand des Bildkontextes und der Überschrift eine Hypothese zu bilden und diese dann durch genaues Nachlesen zu überprüfen.

Aufbau des Buches

Schüler mit geringer Leseleistung haben nach Untersuchungen zu einem lernförderlichen Unterricht (vgl. May, Peter. Lernförderlicher Unterricht. 2. Band. 2002) nicht nur eine geringe Lesemotivation, sondern auch grundsätzlich ein geringes Selbstbild und Selbstvertrauen. Daher sollten Materialien zur Leseförderung klar strukturierte und überschaubare Aufgaben enthalten, die keinen zu hohen Erwartungsdruck aufbauen. Durch die Erarbeitung in kleinen Schritten und durch Wiederholung von Übungstypen kann diesen Schülern Sicherheit vermittelt werden. „Gleiche Aufgaben in verschiedenen Schwierigkeitsgraden bieten Kindern Erfolgserlebnisse und lassen sie ihr Können erfahren…“ (Wedel-Wolf, Annegret. Anforderungen an Materialien zur Leseförderung. Grundschule 7–8/2003, S. 70).

Der erste Teil des Buches besteht aus einfachen Texten, die in drei kurze Sätze gegliedert sind. Diese Sätze werden in einem anschließenden Multiple-Choice-Verfahren abgefragt. Dabei werden je drei Alternativen als Antwortmöglichkeit aufgezeigt

In den nun folgenden Sätzen wird der Schwierigkeitsgrad weiter erhöht. Die Sätze werden länger, die Wörter mehrsilbig, sodass frühzeitig bereits ein Lernzuwachs zu verzeichnen ist.

Nach Abschluss der ersten acht Lernkarteien verändert sich die Länge der Texte zunächst nur wenig, das alternative Multiple-Choice-Verfahren erhält aber eine neue Form. So wird das Lernen abwechslungsreich gestaltet, neue Herausforderungen werden an den Schüler gestellt. Die Alternativen, die es als richtig bzw. falsch zu erkennen gilt, ähneln einander, und man muss genau lesen, um die Unterschiede zu erkennen.

Nach Abschluss der 2-Sterne-Schwierigkeitsstufe wird die Leseherausforderung erneut erhöht. Die Texte werden auf vier Sätze erweitert. Außerdem wird der gelesene Text auf eine bildliche Ebene übertragen und erhält damit eine neue und konkrete Form. Der Schüler hat nun die Aufgabe, die Illustration durch die Informationen, die er beim Lesen erhalten hat, zu ergänzen. Das Lesen fordert eine konkrete und kreative Leistung an ihn. Auch hier werden allmählich die Leseleistungen durch längere Sätze und mehrsilbige Wörter erhöht.

Ähnliche Herausforderungen bieten auch die 4-Sterne-Texte, in denen umgekehrt vorgegangen werden muss. Hier sind Bilder in Texte integriert, zu denen die passenden Wörter zugeordnet werden müssen. Auch bei diesen Texten werden Länge und Schwierigkeitsgrad allmählich gesteigert.

Nachdem auf der Wortebene bereits ein hoher Schwierigkeitsgrad erreicht wurde, wird nun das überschauende Lesen über einen Gesamttext hinaus trainiert. Dieses Training erfolgt durch verschiedene Methoden:

Zunächst wird mit einem kurzen und einfachen 4-Satz-Text begonnen, der nur einen Sinn ergibt, wenn er in eine richtige Reihenfolge gebracht wird. Diese Form des Lesens wird in ihrer Schwierigkeit immer weiter gesteigert, sodass sie zuletzt aus einem 5-Satz-Text besteht, in den auch einfache Nebensatzkonstruktionen eingefügt wurden.

Ebenfalls überschauendes Lesen soll durch die Geschichten trainiert werden, denen eine Überschrift zuzuordnen ist. Hier ist es wichtig, dass der Schüler die gesamte Geschichte liest, den Inhalt versteht und dann eine zentrale Aussage als Überschrift erfasst.

Zuletzt werden schwierigere Texte vorgegeben, aus denen sich Fragen ergeben, die auf das genaue Lesen zielen.

Zur Arbeit mit dem Material

Die Lesekartei ist als Kartei für die selbstständige, freie Arbeit konzipiert und daher mit einer Selbstkontrollmöglichkeit ausgestattet. Die jeweiligen Karteikarten sollten am besten laminiert werden. Für eine über die Symbole hinausgehende, sichtbare Struktur kann die Kartei auf unterschiedlich farbiges Papier (je nach Schwierigkeitsstufe) kopiert werden. Durch eigenständiges Abhaken auf dem Übersichtsplan (ggf. auch farblich anpassen) können die Schüler die Übersicht über bereits bearbeitete Karten behalten. Der obere Teil der Karteikarte kann ebenfalls als Arbeitsblatt kopiert und für die zusätzliche Übung zu Hause genutzt werden.

Insgesamt ist es natürlich auch möglich, die Karteikarten als Arbeitsblätter einzusetzen. Dazu kann die Kontrollmöglichkeit abgetrennt und ausgelegt oder wie bei dem Einsatz als Kartei einfach umgeknickt werden.

Wie Sie das Material einsetzen möchten, können Sie flexibel auf Ihre jeweilige Lerngruppe und Lernsituation abstimmen.

MEINE LESEKARTEI

Name: ______________________________

Das habe ich schon geschafft:

1		2		3		4		5	
6		7		8		9		10	

LESEKARTEI-PASS

Name: ______________________________

geschafft am: ______________

geschafft am: ______________

geschafft am: ______________

geschafft am: ______________

geschafft am: ______________

**Herzlichen Glückwunsch,
du bist nun Text-Leseprofi!**

MEINE LESEKARTEI

Name: ______________________________

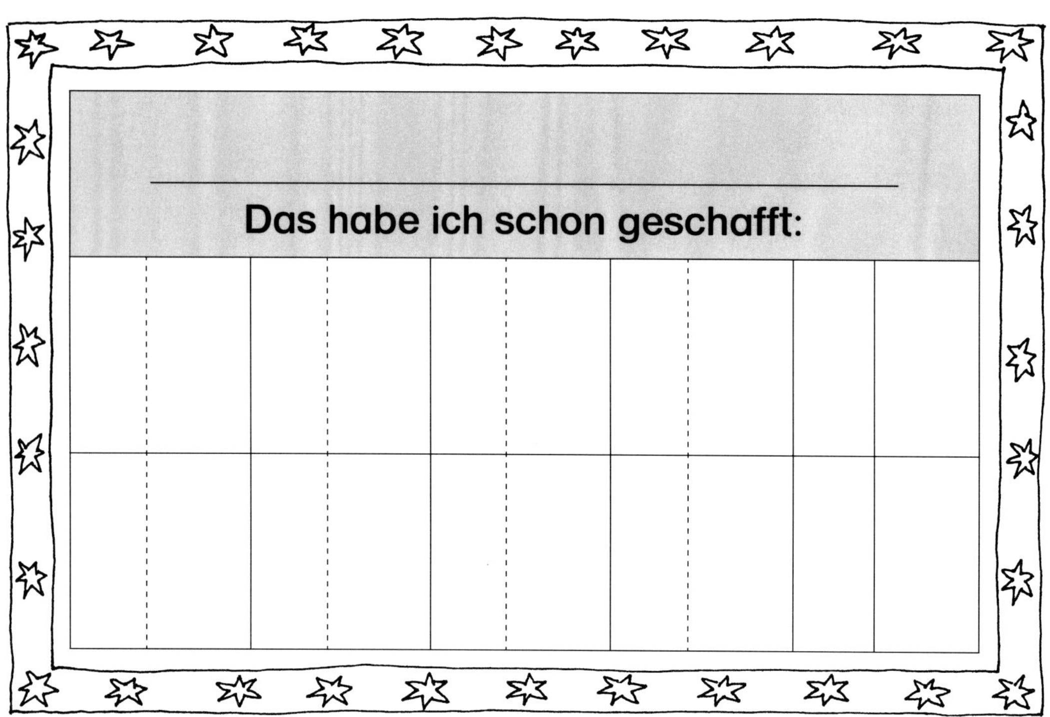

LESEKARTEI-PASS

Name: ______________________________

geschafft am: ______________

geschafft am: ______________

geschafft am: ______________

geschafft am: ______________

geschafft am: ______________

Herzlichen Glückwunsch,
du bist nun Text-Leseprofi!

Lies den Text.

1

Fußball (1)

Felix hat den Ball.
Er schießt.
Tor!

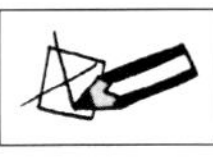
Was stimmt? Kreuze an.

- ☐ Felix holt den Ball.
- ☐ Felix hat den Ball.
- ☐ Felix hebt den Ball.

- ☐ Er schließt.
- ☐ Er schiebt.
- ☐ Er schießt.

- ☐ Tor!
- ☐ Tür!
- ☐ Ton!

Alles richtig gemacht?

1

Fußball (1)

- ☐ Felix holt den Ball.
- ☒ Felix hat den Ball.
- ☐ Felix hebt den Ball.

- ☐ Er schließt.
- ☐ Er schiebt.
- ☒ Er schießt.

- ☒ Tor!
- ☐ Tür!
- ☐ Ton!

Lies den Text. 2

Fußball (2)

Fünf zu zwei.
Alle lachen.
Sie haben gewonnen.

Was stimmt? Kreuze an.

- ☐ Fünf zu eins.
- ☐ Fünf und zwei.
- ☐ Fünf zu zwei.

- ☐ Alle lachen.
- ☐ Alle lachten.
- ☐ Alles lacht.

- ☐ Sie haben gewagt.
- ☐ Sie haben gelacht.
- ☐ Sie haben gewonnen.

Alles richtig gemacht?  2

Fußball (2)

- ☒ Alle lachen.
- ☐ Alle lachten.
- ☐ Alles lacht.

- ☐ Fünf zu eins.
- ☐ Fünf und zwei.
- ☒ Fünf zu zwei.

- ☐ Sie haben gewagt.
- ☐ Sie haben gelacht.
- ☒ Sie haben gewonnen.

Lies den Text. ☆ 3

Urlaub (1)

Endlich Ferien.
Klara freut sich.
Der Urlaub beginnt.

Was stimmt? Kreuze an.

- ☐ Endlich Freitag.
- ☐ Endlich Ferien.
- ☐ Endlich frei.

- ☐ Karla freut sich.
- ☐ Sara freut sich.
- ☐ Klara freut sich.

- ☐ Der Urlaub beginnt.
- ☐ Der Unfall beginnt.
- ☐ Der Anfang beginnt.

Alles richtig gemacht? ☆ 3

Urlaub (1)

- ☐ Karla freut sich.
- ☐ Sara freut sich.
- ☒ Klara freut sich.

- ☐ Endlich Freitag.
- ☒ Endlich Ferien.
- ☐ Endlich frei.

- ☒ Der Urlaub beginnt.
- ☐ Der Unfall beginnt.
- ☐ Der Anfang beginnt.

Lies den Text. ☆ 4

Urlaub (2)

Die Fahrt ist weit.
Klara ist müde.
Endlich sind sie am Meer.

Was stimmt? Kreuze an.

- ☐ Die Fahrt ist lang.
- ☐ Die Fahrt ist kurz.
- ☐ Die Fahrt ist weit.

- ☐ Klara ist müde.
- ☐ Klara ist munter.
- ☐ Klara ist nett.

- ☐ Endlich sind sie am See.
- ☐ Endlich sind sie am Meer.
- ☐ Endlich sind sie am Haus.

Alles richtig gemacht? ☆ 4

Urlaub (2)

- ☐ Die Fahrt ist lang.
- ☐ Die Fahrt ist kurz.
- ☒ Die Fahrt ist weit.

- ☒ Klara ist müde.
- ☐ Klara ist munter.
- ☐ Klara ist nett.

- ☐ Endlich sind sie am See.
- ☒ Endlich sind sie am Meer.
- ☐ Endlich sind sie am Haus.

Lies den Text. 

Balu (1)

Balu ist im Garten.
Das Tor ist auf.
Balu läuft weg.

Was stimmt? Kreuze an.

- ☐ Balu ist im Garten.
- ☐ Bello ist im Garten.
- ☐ Bela ist im Garten.

- ☐ Die Tür ist auf.
- ☐ Das Fass ist auf.
- ☐ Das Tor ist auf.

- ☐ Balu läuft los.
- ☐ Balu läuft weg.
- ☐ Balu läuft schnell.

Alles richtig gemacht?

5

Balu (1)

- ☐ Die Tür ist auf.
- ☐ Das Fass ist auf.
- ☒ Das Tor ist auf.

- ☒ Balu ist im Garten.
- ☐ Bello ist im Garten.
- ☐ Bela ist im Garten.

- ☐ Balu läuft los.
- ☒ Balu läuft weg.
- ☐ Balu läuft schnell.

Lies den Text.

Balu (2)

Balu, wo bist du?
Die Kinder rufen.
Da kommt er ja!

Was stimmt? Kreuze an.

- ☐ Balu, wo bist du?
- ☐ Balu, wo bleibst du?
- ☐ Balu, wo steckst du?

- ☐ Die Kinder weinen.
- ☐ Die Kinder schreien.
- ☐ Die Kinder rufen.

- ☐ Da ist er ja!
- ☐ Da steckt er ja!
- ☐ Da kommt er ja!

Alles richtig gemacht?

☆ 6

Balu (2)

- ☐ Die Kinder weinen.
- ☐ Die Kinder schreien.
- ☒ Die Kinder rufen.

- ☒ Balu, wo bist du?
- ☐ Balu, wo bleibst du?
- ☐ Balu, wo steckst du?

- ☐ Da ist er ja!
- ☐ Da steckt er ja!
- ☒ Da kommt er ja!

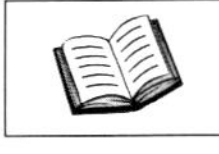

Lies den Text.

☆ 7

Unser Kater (1)

Kater Musch schläft.
Er liegt im Bett.
Das Bett gehört Jan.

Was stimmt? Kreuze an.

- ☐ Kater Mutsch schläft.
- ☐ Kater Misch schläft.
- ☐ Kater Musch schläft.

- ☐ Er liegt im Bett.
- ☐ Er liegt unterm Bett.
- ☐ Er liegt am Bett.

- ☐ Das Brett gehört Jan.
- ☐ Das Bett gehört Jan.
- ☐ Das Bild gehört Jan.

Alles richtig gemacht?

☆ 7

Unser Kater (1)

- ☒ Er liegt im Bett.
- ☐ Er liegt unterm Bett.
- ☐ Er liegt am Bett.

- ☐ Kater Mutsch schläft.
- ☐ Kater Misch schläft.
- ☒ Kater Musch schläft.

- ☐ Das Brett gehört Jan.
- ☒ Das Bett gehört Jan.
- ☐ Das Bild gehört Jan.

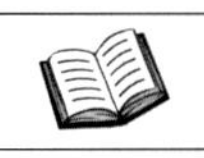

Lies den Text.

☆ 8

Unser Kater (2)

Und was liegt vor dem Bett?
Igitt, eine Maus!
Der Kater hat sie gefangen.

Was stimmt? Kreuze an.

- [ ] Und was liegt auf dem Bett?
- [ ] Und was liegt in dem Bett?
- [ ] Und was liegt vor dem Bett?

- [ ] Igitt, eine Mücke!
- [ ] Igitt, eine Made!
- [ ] Igitt, eine Maus!

- [ ] Der Kater hat sie gefunden.
- [ ] Der Kater hat sie gefressen.
- [ ] Der Kater hat sie gefangen.

Alles richtig gemacht?

☆ 8

Unser Kater (2)

- [ ] Igitt, eine Mücke!
- [ ] Igitt, eine Made!
- [x] Igitt, eine Maus!

- [ ] Und was liegt auf dem Bett?
- [ ] Und was liegt in dem Bett?
- [x] Und was liegt vor dem Bett?

- [ ] Der Kater hat sie gefunden.
- [ ] Der Kater hat sie gefressen.
- [x] Der Kater hat sie gefangen.

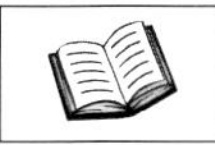

Lies den Text. 1

Im Schwimmbad (1)

Mona ist auf dem Dreier.
Hilfe, ist der hoch!
Mona hat Angst.

Welche Satzteile gehören zusammen? Verbinde.

Mona Mina Momo	ist auf dem	Dach. Einer. Dreier.
Hallo, Hilfe, Himmel,	ist der	hoch! groß! hier!
Mina Mimi Mona	hat	Arbeit. Angst. alles.

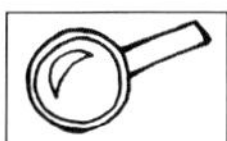

Alles richtig gemacht?

1

Im Schwimmbad (1)

Mona Mina Momo	ist auf dem	Dach. Einer. Dreier.
Hallo, Hilfe, Himmel,	ist der	hoch! groß! hier!
Mina Mimi Mona	hat	Arbeit. Angst. alles.

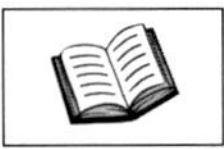

Lies den Text. ☆☆ 2

Im Schwimmbad (2)

Mona nimmt Anlauf.
Sie schließt die Augen.
Und dann springt sie.

Welche Satzteile gehören zusammen? Verbinde.

Mama Momo Mona	nimmt	Anton. Anlauf. Angel.
Sie Die Sieh	schließt	die Ohren. die Arme. die Augen.
Und da Und nun Und dann	springt	sie. die. es.

Alles richtig gemacht? ☆☆ 2

Im Schwimmbad (2)

Mama Momo Mona	nimmt	Anton. Anlauf. Angel.
Sie Die Sieh	schließt	die Ohren. die Arme. die Augen.
Und da Und nun Und dann	springt	sie. die. es.

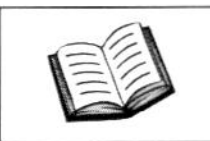

Lies den Text. ☆☆ 3

Am Bahnhof (1)

Jonas steht am Bahnhof.
Er wartet auf seine Oma.
Endlich kommt der Zug.

Welche Satzteile gehören zusammen? Verbinde.

Janosch Johann Jonas	steht	am Bus. am Bahnhof. am Boot.
Er Es Ernst	wartet auf	seine Oma. seine Ohren. seinen Opa.
Ernstlich Endlich Schließlich	kommt	der Zaun. der Zoo. der Zug.

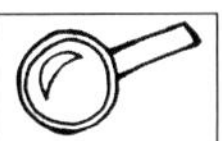

Alles richtig gemacht?

3

Am Bahnhof (1)

Janosch Johann Jonas	steht	am Bus. am Bahnhof. am Boot.
Er Es Ernst	wartet auf	seine Oma. seine Ohren. seinen Opa.
Ernstlich Endlich Schließlich	kommt	der Zaun. der Zoo. der Zug.

(Lösung: Jonas – steht – am Bahnhof. / Er – wartet auf – seine Oma. / Endlich – kommt – der Zug.)

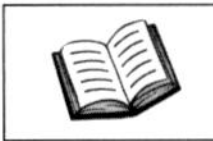 Lies den Text. ☆☆ 4

Am Bahnhof (2)

Oma ist nicht auf dem Bahnsteig.
Plötzlich klingelt Jonas Handy.
Die alte Dame hat den Zug verpasst.

 **Welche Satzteile gehören zusammen? Verbinde.**

Opa Onkel Oma	ist nicht auf	dem Bahnsteig. dem Bahnhof. dem Bahngleis.
Plötzlich Schließlich Endlich	klingelt	Jonas Hand. Jonas Hose. Jonas Handy.
Die alte Frau Die alte Dame Die kalte Dusche	hat den Zug	verpasst. vergessen. verloren.

 **Alles richtig gemacht?** ☆☆ 4

Am Bahnhof (2)

Opa Onkel Oma	ist nicht auf	dem Bahnsteig. dem Bahnhof. dem Bahngleis.
Plötzlich Schließlich Endlich	klingelt	Jonas Hand. Jonas Hose. Jonas Handy.
Die alte Frau Die alte Dame Die kalte Dusche	hat den Zug	verpasst. vergessen. verloren.

Annette Weber: Das Lese-Trainingsprogramm: Textebene

Lies den Text. 5

Olaf ist krank (1)

Olaf liegt im Bett.
Er hat Husten und Fieber.
Seine Mutter bringt ihm heißen Tee.

Welche Satzteile gehören zusammen? Verbinde.

Omar Ole Olaf	liegt	im Bett. auf dem Brett. auf dem Berg.
Er hat Es hat Sie hat	Husten	und Feuer. und Ferien. und Fieber.
Seine Oma Seine Mutter Seine Mama	bringt ihm	heißen Honig. heißes Öl. heißen Tee.

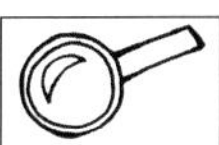

Alles richtig gemacht?

5

Olaf ist krank (1)

Omar Ole Olaf	liegt	im Bett. auf dem Brett. auf dem Berg.
Er hat Es hat Sie hat	Husten	und Feuer. und Ferien. und Fieber.
Seine Oma Seine Mutter Seine Mama	bringt ihm	heißen Honig. heißes Öl. heißen Tee.

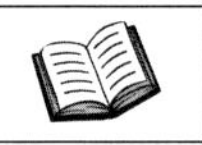

Lies den Text. ☆☆ 6

Olaf ist krank (2)

Der Tee schmeckt schrecklich.
Olaf schwitzt und stöhnt.
Er will so gerne Fußball spielen.

Welche Satzteile gehören zusammen? Verbinde.

Der Tau Der Teer Der Tee	schmeckt	scheußlich. schrecklich. schön.
Omar Olaf Ole	schwitzt	und stöhnt. und schnauft. und seufzt.
Er will Er wird Er wollte	so gerne	Tennis spielen. Fußball spielen. Gameboy spielen.

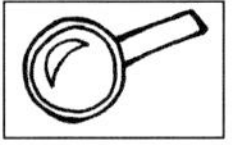

Alles richtig gemacht? ☆☆ 6

Olaf ist krank (2)

Der Tau Der Teer Der Tee	schmeckt	scheußlich. schrecklich. schön.
Omar Olaf Ole	schwitzt	und stöhnt. und schnauft. und seufzt.
Er will Er wird Er wollte	so gerne	Tennis spielen. Fußball spielen. Gameboy spielen.

Lies den Text.

7

Das Kaninchen Hoppel (1)

Tina öffnet den Stall.
Das Kaninchen hoppelt zur Tür.
Das Mädchen gibt ihm die Möhren.

Welche Satzteile gehören zusammen? Verbinde.

Tana Tine Tina	öffnet	den Steg. den Stall. den Stein.
Das Trinchen Das Kätzchen Das Kaninchen	hoppelt	zur Tür. zum Tee. zum Tor.
Das Mädchen Das Rädchen Das Mädel	gibt ihm	die Mähne. die Mohren. die Möhren.

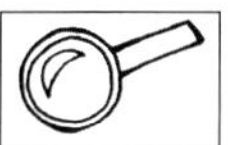

Alles richtig gemacht?

7

Das Kaninchen Hoppel (1)

Tana Tine Tina	öffnet	den Steg. den Stall. den Stein.
Das Trinchen Das Kätzchen Das Kaninchen	hoppelt	zur Tür. zum Tee. zum Tor.
Das Mädchen Das Rädchen Das Mädel	gibt ihm	die Mähne. die Mohren. die Möhren.

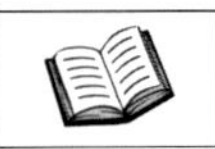

Lies den Text. ☆☆ 8

Das Kaninchen Hoppel (2)

Hoppel rennt aus dem Käfig.
Mit einem Satz springt er in den Garten.
Schnell frisst er den Kohl.

Welche Satzteile gehören zusammen? Verbinde.

Hoppel Stoppel Happi	rennt	aus dem Käse. aus dem Nest. aus dem Käfig.
Mit einem Platz Mit einem Satz Mit einem Fatz	springt er	in den Garten. in die Grube. in das Gras.
Schon Schwer Schnell	frisst er	die Kohlen. den Kohl. den Kopf.

Alles richtig gemacht? ☆☆ 8

Das Kaninchen Hoppel (2)

Hoppel Stoppel Happi	rennt	aus dem Käse. aus dem Nest. aus dem Käfig.
Mit einem Platz Mit einem Satz Mit einem Fatz	springt er	in den Garten. in die Grube. in das Gras.
Schon Schwer Schnell	frisst er	die Kohlen. den Kohl. den Kopf.

Lies den Text. Male in das Bild, was fehlt. ☆☆☆ **1**

Gespensterstunde (1)

Die Uhr schlägt 12.
Langsam öffnet sich der Schrank.
Drei Gespenster kommen heraus.
Sie tanzen um den Tisch.

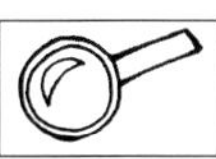

Alles richtig gemacht?

 **1**

Gespensterstunde (1)

Lies den Text. Male in das Bild, was fehlt. ☆☆☆ 2

Gespensterstunde (2)

Da öffnet sich die Tür.
Ina kommt ins Wohnzimmer.
Die Gespenster schreien laut.
Einer wirft einen Stuhl um.

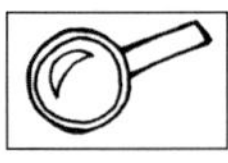

Alles richtig gemacht?

Gespensterstunde (2)

Lies den Text. Male in das Bild, was fehlt. 3

Am Waldrand (1)

Tim steht am Waldrand.
Er schaut durch ein Fernglas.
Auf der Wiese stehen Rehe.
Ein Hase sitzt im tiefen Gras.

Alles richtig gemacht?

Am Waldrand (1)

Lies den Text. Male in das Bild, was fehlt. ☆☆☆ 4

Am Waldrand (2)

Aber was ist das?
Ein Fuchs schleicht durch das Gras.
Tim schreit, so laut er kann.
Da läuft der Hase schnell davon.

Alles richtig gemacht?

4

Am Waldrand (2)

Lies den Text. Male in das Bild, was fehlt. 5

Auf Klassenfahrt (1)

Simon geht auf Klassenfahrt.
Mit seinem Koffer steht er an der Schule.
Sein Freund Jan hat einen Rucksack auf.
Endlich kommt der Bus.

Alles richtig gemacht?

 5

Auf Klassenfahrt (1)

Lies den Text. Male in das Bild, was fehlt. ☆☆☆ **6**

Auf Klassenfahrt (2)

Simon und Jan teilen sich ein Zimmer.
Nachts essen sie Gummibärchen
und trinken Saft aus Bechern.
Plötzlich steht die Lehrerin in der Tür.

Alles richtig gemacht?

6

Auf Klassenfahrt (2)

Lies den Text. Male in das Bild, was fehlt. 7

Der Froschkönig (1)

**Die Prinzessin sitzt am See.
Sie spielt mit ihrer goldenen Kugel.
Plötzlich fällt die Kugel ins Wasser.
Ein Frosch fängt sie auf.**

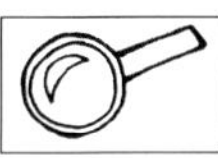

Alles richtig gemacht?

 7

Der Froschkönig (1)

Lies den Text. Male in das Bild, was fehlt. ☆☆☆ 8

Der Froschkönig (2)

Der Frosch will in ihrem Bett schlafen.
Doch die Prinzessin mag ihn nicht.
Sie wirft ihn an die Wand.
Da steht ein schöner König vor ihr.

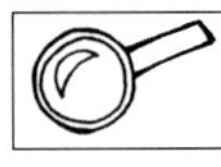

Alles richtig gemacht?

Der Froschkönig (2)

Lies die Geschichte.
Suche dann die Wörter, die in der Geschichte vorkamen, und kreise sie ein. 1

Besuch im Zoo

Heute scheint die .

Mutter, Vater, und ihre beiden  gehen in den .

Zuerst sehen sie den großen .

Er frisst gerade einen .

Daneben stehen die . Sie sind so groß.

Eine Giraffe frisst die Blätter einer .

Jetzt werden auch die  hungrig.

Der Vater kauft ihnen ein .

Hund	Elefanten	Zoo	Kinder
Giraffen	Banane	Palme	Brot
Apfel	Baum	Park	Eis

Alles richtig gemacht? 1

Besuch im Zoo

Hund	Elefanten	Zoo	Kinder
Giraffen	Banane	Palme	Brot
Apfel	Baum	Park	Eis

2

Lies die Geschichte.
Suche dann die Wörter, die in der Geschichte vorkamen, und kreise sie ein.

Zu spät

Es ist  Uhr. Der  klingelt.

Nils kriecht unter seine  und schläft weiter.

„Nils, aufstehen!“, ruft seine  . „Es ist schon spät.“

Schnell springt Nils aus dem  und zieht sich an.

Keine Zeit für das  .

Nils erwischt den  in letzter Minute.

Wecker	Auto	Bett	Mutter
acht	sieben	Kissen	Bus
Frühstück	Sofa	Decke	Vater

Alles richtig gemacht? **2**

Zu spät

(Wecker)	Auto	(Bett)	(Mutter)
acht	(sieben)	Kissen	(Bus)
(Frühstück)	Sofa	(Decke)	Vater

Lies die Geschichte.
Suche dann die Wörter, die in der Geschichte vorkamen, und kreise sie ein.

 3

Baumhaus

Hoch oben in einem hat sich Paul ein  gebaut.

Hier kann er in den  schauen.

Er sieht die  auf der Wiese.

Er hört die  rauschen.

Neben ihm hat ein  sein gebaut.

Haus	Mond	Vogel	Blätter
Sonne	Rehe	Wind	Land
Wald	Nest	Baum	Straße

Alles richtig gemacht? 3

Baumhaus

Haus	Mond	Vogel	Blätter
Sonne	Rehe	Wind	Land
Wald	Nest	Baum	Straße

4

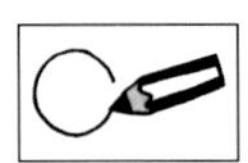

Lies die Geschichte.
Suche dann die Wörter, die in der Geschichte vorkamen, und kreise sie ein.

Janas Wunsch

Jana möchte so gerne einen  haben.

Aber ihre Mutter hat schon eine .

Ihr Bruder hat einen  und ihr Vater hat einen  .

„Das ist mir egal“, schreit das  wütend.

„Ich wünsche mir den  zum  als .“

Kaninchen	Geschenk	Hund	Kerze
Katze	Vogel	Paket	Papagei
Zwerg	Hamster	Geburtstag	Kuchen

Alles richtig gemacht? **4**

Janas Wunsch

Kaninchen	(Geschenk)	(Hund)	Kerze
(Katze)	Vogel	Paket	(Papagei)
Zwerg	(Hamster)	(Geburtstag)	Kuchen

Lies die Geschichte.
Suche dann die Wörter, die in der Geschichte vorkamen, und kreise sie ein.

 **5**

Die Hexe Liobar

Liobar ist eine . Sie schwingt sich auf ihren  und fliegt zum  hinüber. Dort wohnt ihr bester Freund Heinrich. Er ist . Heinrich ist ein bisschen verrückt. Gerne trägt er seinen  unter dem . Zusammen fliegen sie mit dem  in den , um den  Herbert zu besuchen.

Hexe	Verlies	Dach	Kopf
Küche	Ritter	Besen	Keller
Schloss	Wald	Arm	Vampir

Alles richtig gemacht?

 **5**

Die Hexe Liobar

Hexe	Verlies	Dach	Kopf
Küche	Ritter	Besen	Keller
Schloss	Wald	Arm	Vampir

6

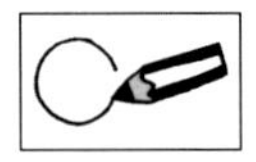

Lies die Geschichte.
Suche dann die Wörter, die in der Geschichte vorkamen, und kreise sie ein.

In der Stadt

Anna wohnt mit ihren  in einem kleinen  mitten

in der . Sie muss nur über die laufen,

dann ist sie an der 

. Meist geht sie erst los, wenn die 

der Schule klingelt. Dann stellt sie sich mit den anderen aus der Klasse

an der  der auf und wartet, bis die  kommt.

Eingang	Ampel	Dorf	Baum
Haus	Stadt	Eltern	Glocke
Fenster	Lehrerin	Tür	Schule

Alles richtig gemacht? 6

In der Stadt

Eingang	Ampel	Dorf	Baum
Haus	Stadt	Eltern	Glocke
Fenster	Lehrerin	Tür	Schule

Lies die Geschichte.
Suche dann die Wörter, die in der Geschichte vorkamen, und kreise sie ein.

 **7**

Beim Training

Traurig schaut Hakan in den . Es schon seit einer Stunde.

Aber Hakan hat sich mit seinen  zum  spielen verabredet.

Plötzlich um drei  hört der  auf, und die schaut aus den  hervor. Lachend holt Hakan seine  aus dem  und rennt aus dem . Seine  warten schon vor dem 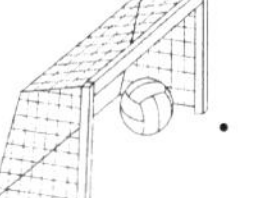.

Schrank	Kleid	Tor	Hans
Freunden	Sonne	Uhr	Fußball
Regal	Himmel	Tür	Haus
regnet	Regen	Fußballschuhe	Wolken

Alles richtig gemacht?

 **7**

Beim Training

(Schrank)	Kleid	(Tor)	Hans
(Freunden)	(Sonne)	(Uhr)	(Fußball)
Regal	(Himmel)	Tür	(Haus)
(regnet)	(Regen)	(Fußballschuhe)	(Wolken)

Lies die Geschichte.
Suche dann die Wörter, die in der Geschichte vorkamen, und kreise sie ein.

 **8**

Die Pflanze

Anna hat von ihrer  eine kleine  bekommen.

Sie geht in den  und setzt die  in die .

Dann gießt sie sie jeden Tag mit frischem .

Die  wird größer und wird ein großer .

Der  hat kräftige . Anna baut sich in den  ein 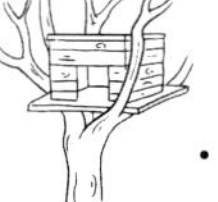.

Dort sitzt sie, liest ein  oder träumt von dem weiten .

Pflanze	Äste	Fluss	Mutter
Stamm	Heft	Garten	Wasser
Blatt	Oma	Buch	Hütte
Baum	Meer	Erde	Baumhaus

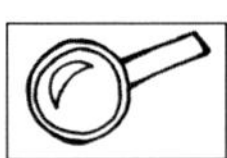

Alles richtig gemacht?

 **8**

Die Pflanze

Pflanze	Äste	Fluss	Mutter
Stamm	Heft	Garten	Wasser
Blatt	Oma	Buch	Hütte
Baum	Meer	Erde	Baumhaus

Lies die Sätze. Bringe sie in die richtige Reihenfolge, sodass eine Geschichte entsteht.

 **1**

Das neue Auto

	Es ist ein schwarzer Audi A4.
	Vorsichtig fährt er es auf den Hof.
	Er hat sich nämlich ein neues Auto gekauft.
	Herr Bunse ist sehr stolz.

Schreibe die Geschichte in der richtigen Reihenfolge ab.

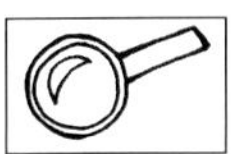

Alles richtig gemacht?

 **1**

Das neue Auto

Herr Bunse ist sehr stolz.
Er hat sich nämlich ein neues Auto gekauft.
Vorsichtig fährt er es auf den Hof.
Es ist ein schwarzer Audi A4.

Lies die Sätze. Bringe sie in die richtige Reihenfolge, sodass eine Geschichte entsteht. ☆☆ 2

Das Fußballspiel

	Felix schießt den Ball zu seinem Freund.
	Felix und Tommy spielen Fußball.
	Da fliegt der Ball auf das neue Auto.
	Aber Tommy hält den Ball nicht.

Schreibe die Geschichte in der richtigen Reihenfolge ab.

Alles richtig gemacht?

Das Fußballspiel

Felix und Tommy spielen Fußball.
Felix schießt den Ball zu seinem Freund.
Aber Tommy hält den Ball nicht.
Da fliegt der Ball auf das neue Auto.

Lies die Sätze. Bringe sie in die richtige Reihenfolge, sodass eine Geschichte entsteht. 1

Der Pfannkuchen

	Der Pfannkuchen wird goldgelb.
	Heute will Mona Pfannkuchen machen.
	Dann gibt sie alles in eine Pfanne.
	Sie mischt Eier, Mehl und Milch in einer Schüssel.

Schreibe die Geschichte in der richtigen Reihenfolge ab.

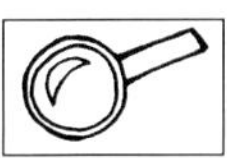

Alles richtig gemacht?

1

Der Pfannkuchen

Heute will Mona Pfannkuchen machen.
Sie mischt Eier, Mehl und Milch in einer Schüssel.
Dann gibt sie alles in eine Pfanne.
Der Pfannkuchen wird goldgelb.

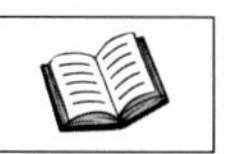

Lies die Sätze. Bringe sie in die richtige Reihenfolge, sodass eine Geschichte entsteht. ☆☆☆ 2

Pino, der Papagei

	Auf Maras Fensterbank sitzt ein grüner Papagei.
	Plötzlich krächzt er laut:
	„Ich heiße Pino und wohne in der Kantstraße.“
	Mara lockt ihn in ihr Zimmer.

Schreibe die Geschichte in der richtigen Reihenfolge ab.

Alles richtig gemacht?

2

Pino, der Papagei

Auf Maras Fensterbank sitzt ein grüner Papagei.
Mara lockt ihn in ihr Zimmer.
Plötzlich krächzt er laut:
„Ich heiße Pino und wohne in der Kantstraße.“

Annette Weber: Das Lese-Trainingsprogramm: Textebene

Lies die Sätze. Bringe sie in die richtige Reihenfolge, sodass eine Geschichte entsteht.

1

Das schwere Diktat

	Er hat es eine Woche lang geübt.
	Micha schreibt ein Diktat.
	Schreibt man Schule mit h oder ohne?
	Aber das Diktat ist schwer.
	Micha weiß es nicht mehr.

Schreibe die Geschichte in der richtigen Reihenfolge ab.

Alles richtig gemacht?

1

Das schwere Diktat

Micha schreibt ein Diktat
Er hat es eine Woche lang geübt.
Aber das Diktat ist schwer.
Schreibt man Schule mit h oder ohne?
Micha weiß es nicht mehr.

Lies die Sätze. Bringe sie in die richtige Reihenfolge, sodass eine Geschichte entsteht. 2

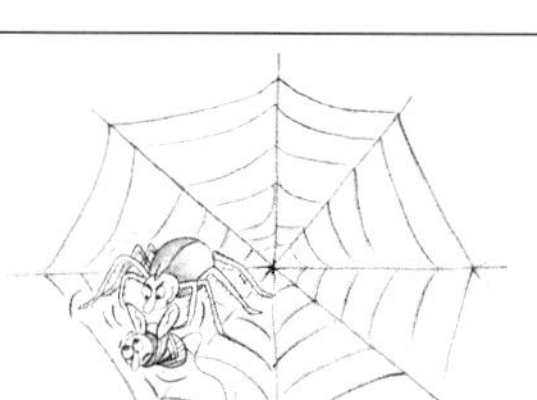

Die Spinne im Netz

	Nun wartet sie auf die Fliegen.
	Die Spinne wartet eine Weile.
	Ein großer Brummer verfängt sich im Netz.
	Dann wickelt sie ihn mit einem Faden ein.
	Die Spinne hat ein großes Netz gesponnen.

Schreibe die Geschichte in der richtigen Reihenfolge ab.

Alles richtig gemacht?

 2

Die Spinne im Netz

Die Spinne hat ein großes Netz gesponnen.
Nun wartet sie auf die Fliegen.
Ein großer Brummer verfängt sich im Netz.
Die Spinne wartet eine Weile.
Dann wickelt sie ihn mit einem Faden ein.

Lies die Sätze. Bringe sie in die richtige Reihenfolge, sodass eine Geschichte entsteht. 1

Beim Wettkampf

	Jana holt tief Luft.
	Jana muss gegen den starken Bert kämpfen.
	Dann wirft sie ihn im hohen Bogen auf die Matte.
	Heute ist ein großer Judowettkampf.
	Bert steht vor ihr und brüllt sie an.

Schreibe die Geschichte in der richtigen Reihenfolge ab.

Alles richtig gemacht? 1

Beim Wettkampf

Heute ist ein großer Judowettkampf.
Jana muss gegen den starken Bert kämpfen.
Bert steht vor ihr und brüllt sie an.
Jana holt tief Luft.
Dann wirft sie ihn im hohen Bogen auf die Matte.

Lies die Sätze. Bringe sie in die richtige Reihenfolge, sodass eine Geschichte entsteht.

2

Am Lagerfeuer

	Familie Stein ist in den Urlaub gefahren.
	Die Eltern errichten ihr Zelt genau daneben.
	Als es dunkel wird, machen sie ein Lagerfeuer.
	Dann sammeln alle trockenes Holz.
	Nico und Stefan bauen ihr Zelt am Strand auf.

Schreibe die Geschichte in der richtigen Reihenfolge ab.

Alles richtig gemacht?

2

Am Lagerfeuer

Familie Stein ist in den Urlaub gefahren.
Nico und Stefan bauen ihr Zelt am Strand auf.
Die Eltern errichten ihr Zelt genau daneben.
Dann sammeln alle trockenes Holz.
Als es dunkel wird, machen sie ein Lagerfeuer.

Lies die Sätze. ☆☆☆ 1

Lara war total wütend.
Ihre großen Brüder gingen ihr
so sehr auf die Nerven.
Sie wollte sie endlich loswerden.
Nachmittags schrieb sie eine Anzeige.
Die hängte sie an das Schwarze Brett im Supermarkt.

Welche Überschrift passt?
Kreuze sie an und schreibe sie auf die Linie.

☐ Wer kauft für mich ein

☐ Die wütende Schwester

☐ Große Brüder zu verschenken

☐ Wer einmal lügt, dem glaubt man nicht

____

Alles richtig gemacht? ☆☆☆ 1

☐ Wer kauft für mich ein

☐ Die wütende Schwester

☒ Große Brüder zu verschenken

☐ Wer einmal lügt, dem glaubt man nicht

Große Brüder zu verschenken

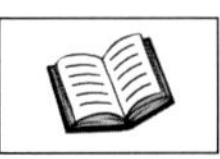

Lies die Sätze. ☆☆☆ 2

Gestern war ich zum Spielen im Park.
Plötzlich hörte ich eine Stimme.
„Hallo, hallo“, sagte sie.
Da sah ich über mir einen Papagei.
Ich rief ihn. Da kam er zu mir geflogen.
Ich nahm ihn mit nach Hause.

Welche Überschrift passt?
Kreuze sie an und schreibe sie auf die Linie.

- ☐ Der Familienausflug
- ☐ Ein unheimliches Gespenst
- ☐ Allein im Park
- ☐ Der entflogene Papagei

____

Alles richtig gemacht? ☆☆☆ 2

- ☐ Der Familienausflug
- ☐ Ein unheimliches Gespenst
- ☐ Allein im Park
- ☒ Der entflogene Papagei

Der entflogene Papagei

Lies die Sätze.  **3**

Die Klassentür ging auf.
Die Lehrerin trat ein.
Ihr folgte ein kleiner Junge.
„Das ist Paul“, sagte die Lehrerin.
„Er kommt neu in unsere Klasse.“
Frieder meldete sich.
„Er kann neben mir sitzen“, sagte er.

Welche Überschrift passt?
Kreuze sie an und schreibe sie auf die Linie.

☐ Ein Neuer in der Klasse

☐ Paul, das Nachtgespenst

☐ Frieder gewinnt

☐ Endlich auf Klassenfahrt

Alles richtig gemacht? **3**

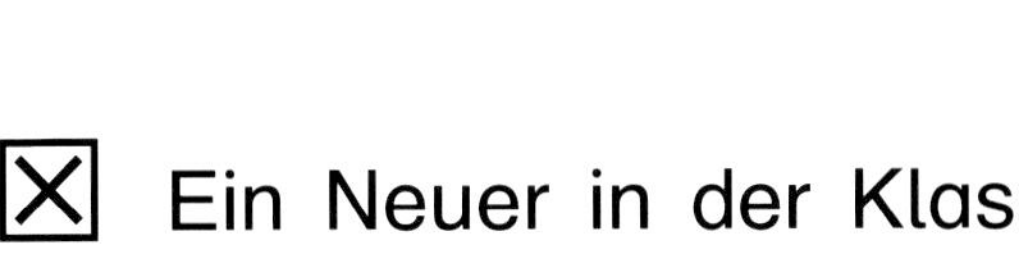

☒ Ein Neuer in der Klasse

☐ Paul, das Nachtgespenst

☐ Frieder gewinnt

☐ Endlich auf Klassenfahrt

Ein Neuer in der Klasse

Lies die Sätze. 4

Heute darf ich zum ersten Mal
bei meiner Freundin Bea übernachten.
Wir sind ganz aufgeregt.
Ich habe eine Tüte Gummibären gekauft.
Bea hat Sprudel und Popcorn geholt.
Das wird eine tolle Nacht.

Welche Überschrift passt?
Kreuze sie an und schreibe sie auf die Linie.

☐ Der Familienausflug

☐ Dornröschen im Bett

☐ Mitternachtsparty bei der besten Freundin

☐ Der Mond schläft schon

Alles richtig gemacht? 4

☐ Der Familienausflug

☐ Dornröschen im Bett

☒ Mitternachtsparty bei der besten Freundin

☐ Der Mond schläft schon

Mitternachtsparty bei der besten Freundin

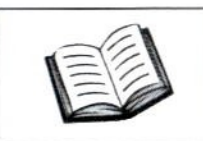

Lies die Sätze. ☆☆☆☆ 1

Mit 15 Jahren war ich Küchenjunge auf einem Schiff.
Wir waren viele Tage auf dem Meer.
Plötzlich schrie der Kapitän: „Piraten!“
Und dann segelte ein Schiff mit schwarzen Segeln auf uns zu.

Welche Überschrift passt?
Kreuze sie an und schreibe sie auf die Linie.

- ☐ Eine schöne Schifffahrt
- ☐ Küchenarbeit ist doof
- ☐ Piraten in Sicht
- ☐ Ein schöner Sommer

Alles richtig gemacht? ☆☆☆☆ 1

- ☐ Eine schöne Schifffahrt
- ☐ Küchenarbeit ist doof
- ☒ Piraten in Sicht
- ☐ Ein schöner Sommer

Piraten in Sicht

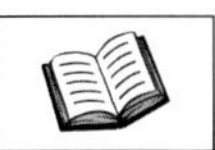

Lies die Sätze.

☆☆☆☆ 2

Ich lag in meinem Bett und las ein Buch.
Plötzlich sah ich eine große Spinne an der Decke.
Ich schrie so laut ich konnte.
Meine Schwester aber kicherte nur.
„April, April", rief sie.
Die Spinne war nämlich aus Plastik.

Welche Überschrift passt?
Kreuze sie an und schreibe sie auf die Linie.

- ☐ Ein spannendes Buch
- ☐ Ein gemeiner Aprilscherz
- ☐ Bald ist Weihnachten
- ☐ Mit Großvater im Park

Alles richtig gemacht?

☆☆☆☆ 2

- ☐ Ein spannendes Buch
- ☒ Ein gemeiner Aprilscherz
- ☐ Bald ist Weihnachten
- ☐ Mit Großvater im Park

Ein gemeiner Aprilscherz

Lies die Sätze. ☆☆☆☆ 3

Mein Bruder und ich waren allein zu Hause.
Das war toll.
Endlich konnten wir mal im
Wohnzimmer Fußball spielen.
Torben schoss zu mir.
Ich dribbelte zurück.
Da klirrte es laut. Die teure Vase war kaputt.
Oh nein – das würde großen Ärger geben!

Welche Überschrift passt?
Kreuze sie an und schreibe sie auf die Linie.

- ☐ Endlich schneit es
- ☐ Papa ist fort
- ☐ Allein zu Haus
- ☐ Panne beim Fußballspiel

____

Alles richtig gemacht? ☆☆☆☆ 3

- ☐ Endlich schneit es
- ☐ Papa ist fort
- ☒ Allein zu Haus
- ☐ Panne beim Fußballspiel

Allein zu Haus

Lies die Sätze. ☆☆☆☆ 4

Kim hatte den ganzen Tag sein neues Computerspiel gespielt.
Es handelte von einem Marsmenschen.
Plötzlich sah ihn ein Marsmensch an.
„Willst du mal mit in das Spiel kommen?“, fragte er.
Und dann streckte er seine Hand aus.
Kim bekam einen großen Schrecken.

Welche Überschrift passt?
Kreuze sie an und schreibe sie auf die Linie.

☐ Das magische Computerspiel

☐ Ein dunkler Regentag

☐ Noch mal Glück gehabt

☐ Fünf Freude auf großer Fahrt

Alles richtig gemacht? ☆☆☆☆ 4

☒ Das magische Computerspiel

☐ Ein dunkler Regentag

☐ Noch mal Glück gehabt

☐ Fünf Freude auf großer Fahrt

Das magische Computerspiel

Lies die Sätze.

1

Unheimlicher Besuch

Steffi war allein zu Haus.
Plötzlich klingelte es an der Tür.
Steffi öffnete.
Zwei Männer standen davor.
„Bist du allein zu Hause?“, fragte der eine Mann.
Steffi schüttelte den Kopf.
Dann schlug sie die Tür wieder zu.

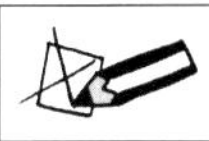

Beantworte die Fragen. Kreuze die richtige Antwort an.

Wie heißt das Mädchen der Geschichte?

	Steffi		Stefanie

Was passierte an der Haustür?

	jemand rief		jemand klingelte

Wer stand davor?

	eine Frau		zwei Männer

Was tat Steffi?

	sie schlug die Tür zu		sie rief ihre Mutter

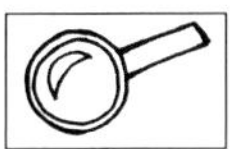

Alles richtig gemacht?

1

Unheimlicher Besuch

Wie heißt das Mädchen der Geschichte?

X	Steffi		Stefanie

Was passierte an der Haustür?

	jemand rief	X	jemand klingelte

Wer stand davor?

	eine Frau	X	zwei Männer

Was tat Steffi?

X	sie schlug die Tür zu		sie rief ihre Mutter

Lies die Sätze. ☆☆☆ 2

Bea ist krank

Bea stand am Fenster und schaute hinaus.
Ihre Freunde gingen zur Schule.
Sie winkten ihr zu.
Da wurde Bea ganz traurig.
Seit einer Woche hatte sie eine Grippe
und durfte nicht nach draußen.

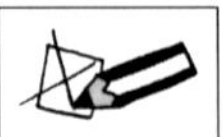

Beantworte die Fragen. Kreuze die richtige Antwort an.

Wie heißt das Mädchen der Geschichte?

	Pia		Bea

Wohin gingen ihre Freunde?

	zur Party		zur Schule

Was hatte Bea?

	eine Grippe		eine Erkältung

Wie lange war sie krank?

	eine Woche		zwei Tage

Alles richtig gemacht? ☆☆☆ 2

Bea ist krank

Wie heißt das Mädchen der Geschichte?

	Pia	X	Bea

Wohin gingen ihre Freunde?

	zur Party	X	zur Schule

Was hatte Bea?

X	eine Grippe		eine Erkältung

Wie lange war sie krank?

X	eine Woche		zwei Tage

Lies die Sätze.  3

Ferien bei Sarah

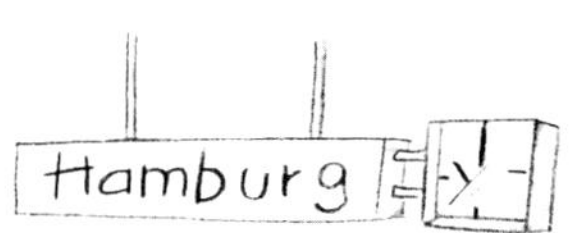

Zwei Wochen lang war Marie
bei ihrer besten Freundin Sarah zu Besuch gewesen.
Jetzt waren die Ferien zu Ende.
Marie musste wieder nach Hause.
Sarah brachte sie zum Bahnhof.
Die Mädchen umarmten sich.

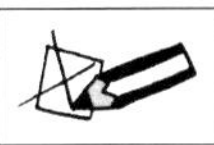

Beantworte die Fragen. Kreuze die richtige Antwort an.

Wie heiβt das Mädchen, das zu Besuch war?

	Maria		Marie

Wie hieβ ihre Freundin?

	Sandra		Sarah

Wohin brachte Sarah ihre Freundin?

	zum Bahnhof		zum Auto

Was machten die Mädchen zum Abschied?

	sie weinten		sie umarmten sich

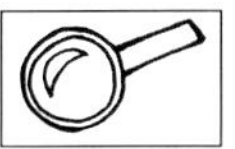

Alles richtig gemacht? ☆☆☆ 3

Ferien bei Sarah

Wie heiβt das Mädchen, das zu Besuch war?

	Maria	X	Marie

Wie hieβ ihre Freundin?

	Sandra	X	Sarah

Wohin brachte Sarah ihre Freundin?

X	zum Bahnhof		zum Auto

Was machten die Mädchen zum Abschied?

	sie weinten	X	sie umarmten sich

Lies die Sätze. ☆☆☆ 4

Der fremde Hund

Als Grete nach Hause ging,
folgte ihr ein kleiner Hund.
Er humpelte ein wenig
und sah sehr müde aus.
Grete blieb stehen und lockte den Hund.
Er kam zu ihr. Auf seinem Halsband stand eine Adresse.
Da brachte Grete den Hund nach Hause.

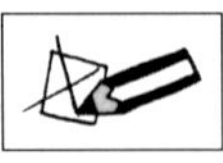

Beantworte die Fragen. Kreuze die richtige Antwort an.

Wie heiβt das Mädchen der Geschichte?

	Klara		Grete

Wer folgte ihr?

	eine Katze		ein Hund

Was stand auf seinem Halsband?

	seine Adresse		sein Name

Wohin brachte Grete den Hund?

	ins Tierheim		nach Hause

Alles richtig gemacht? ☆☆☆ 4

Der fremde Hund

Wie heiβt das Mädchen der Geschichte?

	Klara	X	Grete

Wer folgte ihr?

	eine Katze	X	ein Hund

Was stand auf seinem Halsband?

X	seine Adresse		sein Name

Wohin brachte Grete den Hund?

	ins Tierheim	X	nach Hause

Annette Weber: Das Lese-Trainingsprogramm: Textebene

Lies die Sätze. ☆☆☆☆ 1

Verlaufen

Kai war mit seiner Klasse durch den Wald gewandert.
Sie gingen schnell. „Wartet auf mich“, rief Kai.
„Ich kann nicht so schnell laufen.“
Doch da waren sie schon verschwunden.
Kai stand nun an einer Wegbiegung.
War die Klasse nach links oder nach rechts abgebogen?
Plötzlich stand Kais Lehrerin neben ihm. „Wir warten schon alle auf dich“, sagte sie.

Beantworte die Fragen. Kreuze die richtige Antwort an.

Wie hieß der Junge der Geschichte?

	Kai		Kim

Mit wem wanderte er durch den Wald?

	mit dem Förster		mit der Klasse

Warum sind die Mitschüler verschwunden?

	sie verstecken sich		sie gehen so schnell

Wer wartet auf Kai?

	seine Lehrerin		sein Freund

Alles richtig gemacht? ☆☆☆☆ 1

Verlaufen

Wie hieß der Junge der Geschichte?

X	Kai		Kim

Mit wem wanderte er durch den Wald?

	mit dem Förster	X	mit der Klasse

Warum sind die Mitschüler verschwunden?

	sie verstecken sich	X	sie gehen so schnell

Wer wartet auf Kai?

X	seine Lehrerin		sein Freund

Lies die Sätze. 2

Der Wassergeist

In diesem Jahr machte Paula mit ihren Eltern Urlaub auf einer Burg.
Schon das alte Gemäuer sah unheimlich aus.
Ob es hier wohl Geister und Gespenster gab?
„Hab keine Angst“, sagte der Hotelbesitzer.
„Hier gibt es nur einen Wassergeist.
Er heißt Neptun.“

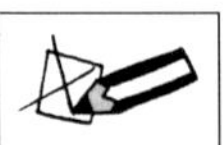

Beantworte die Fragen. Kreuze die richtige Antwort an.

Wie heißt das Mädchen der Geschichte?

	Petra		Paula

Wo macht Paula Urlaub?

	in einem Schloss		auf einer Burg

Was gibt es hier?

	ein Gespenst		einen Wassergeist

Wie heißt er?

	Neppan		Neptun

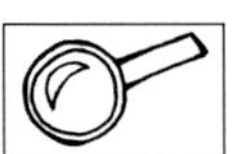

Alles richtig gemacht?

2

Der Wassergeist

Wie heißt das Mädchen der Geschichte?

	Petra	X	Paula

Wo macht Paula Urlaub?

	in einem Schloss	X	auf einer Burg

Was gibt es hier?

	ein Gespenst	X	einen Wassergeist

Wie heißt er?

	Neppan	X	Neptun

Lies die Sätze.

Der Kochversuch

Heute war Collin allein.
Mittags schob er sich eine Pizza in den Ofen.
Dann setzte er sich an seinen Computer.
Plötzlich roch es so merkwürdig aus der Küche.
Collin sprang auf und rannte zum Ofen.
Die Pizza war schwarz.

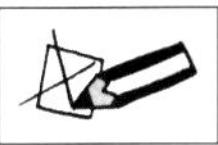

Beantworte die Fragen. Kreuze die richtige Antwort an.

Wie heißt der Junge der Geschichte?

	Collin		Colleen

Was machte er sich zum Mittagessen?

	Pizza		Pasta

Wohin setzte er sich dann?

	an die Hausaufgaben		an den Computer

Welche Farbe hatte die Pizza?

	grün		schwarz

Alles richtig gemacht?

Der Kochversuch

Wie heißt der Junge der Geschichte?

X	Collin		Colleen

Was machte er sich zum Mittagessen?

X	Pizza		Pasta

Wohin setzte er sich dann?

	an die Hausaufgaben	X	an den Computer

Welche Farbe hatte die Pizza?

	grün	X	schwarz

Lies die Sätze.

4

Der Hauptgewinn

Maike ging über den Jahrmarkt.
An einer Losbude hielt ihr ein Mann
eine Kiste mit Losen hin.
Maike kaufte eins. Sie öffnete es aufgeregt.
Und tatsächlich hatte sie einen Hauptgewinn.
Sie gewann einen großen blauen Teddy und freute sich riesig.

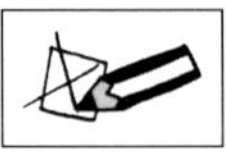

Beantworte die Fragen. Kreuze die richtige Antwort an.

Wie heißt das Mädchen der Geschichte?

	Martha		Maike

Was kaufte sie sich?

	ein Los		ein Eis

Was gewann sie?

	eine Puppe		einen Teddy

Welche Farbe hatte er?

	weiß		blau

Alles richtig gemacht?

4

Der Hauptgewinn

Wie heißt das Mädchen der Geschichte?

	Martha	X	Maike

Was kaufte sie sich?

X	ein Los		ein Eis

Was gewann sie?

	eine Puppe	X	einen Teddy

Welche Farbe hatte er?

	weiß	X	blau

Lies die Sätze. 1

Der fremde Drache

Eines Nachts sah ich einen Drachen
auf meiner Fensterbank sitzen.
Im ersten Moment dachte ich, ich träume.
Doch der Drache winkte mir zu.
Da stand ich auf und ging zu ihm.
Ich setzte mich auf seinen Rücken
und hielt mich an seinem Hals fest.
Und dann sprang der Drache mit mir von der Fensterbank.
Gemeinsam schwebten wir davon.

Welcher Satz ist richtig? Kreuze ihn an.

- ☐ Eines Nachts sah ich einen Drachen auf meiner Fensterbank sitzen.
- ☐ Eines Nachts sah ich einen Dino auf meiner Fensterbank sitzen.
- ☐ Eines Tages sah ich einen Drachen auf meiner Fensterbank sitzen.

- ☐ Ich setzte mich auf seinen Rücken und hielt mich an seinem Haar fest.
- ☐ Ich setzte mich auf seinen Rücken und hielt mich an seinem Hals fest.
- ☐ Ich legte mich auf seinen Rücken und hielt mich an seinem Hals fest.

- ☐ Gemeinsam flogen wir davon.
- ☐ Gemeinsam schwebten wir dahin.
- ☐ Gemeinsam schwebten wir davon.

Alles richtig gemacht? 1

Der fremde Drache

- ☒ Eines Nachts sah ich einen Drachen auf meiner Fensterbank sitzen.
- ☐ Eines Nachts sah ich einen Dino auf meiner Fensterbank sitzen.
- ☐ Eines Tages sah ich einen Drachen auf meiner Fensterbank sitzen.

- ☐ Ich setzte mich auf seinen Rücken und hielt mich an seinem Haar fest.
- ☒ Ich setzte mich auf seinen Rücken und hielt mich an seinem Hals fest.
- ☐ Ich legte mich auf seinen Rücken und hielt mich an seinem Hals fest.

- ☐ Gemeinsam flogen wir davon.
- ☐ Gemeinsam schwebten wir dahin.
- ☒ Gemeinsam schwebten wir davon.

Lies die Sätze. 2

Im Zoo

Gestern war ich mit meiner Schwester und meiner Mutter im Zoo. Zuerst waren wir bei den Giraffen und bei den Seehunden.
Als wir dann im Affengehege waren, hörten wir einen Zoowärter schreien.
Der große Gorilla Paul war ausgebrochen.
Jetzt saß er auf einem hohen Baum und winkte uns zu.

Welcher Satz ist richtig? Kreuze ihn an.

- ☐ Gestern war ich mit meiner Cousine und meiner Mutter im Zoo.
- ☐ Gestern war ich mit meiner Schwester und meiner Mutter im Zoo.
- ☐ Gestern war ich mit meiner Schwester und meiner Mutter im Haus.

- ☐ Zuerst waren wir bei den Giraffen und bei den Seehunden.
- ☐ Zuerst waren wir bei den Löwen und bei den Seehunden.
- ☐ Zuerst waren wir bei den Giraffen und bei den Seepferden.

- ☐ Der große Gorilla Paul war ausgebrochen.
- ☐ Der große Gorilla Pali war ausgebrochen.
- ☐ Der große Gorilla Paul war ausgebüxt.

Alles richtig gemacht? 2

Im Zoo

- ☐ Gestern war ich mit meiner Cousine und meiner Mutter im Zoo.
- ☒ Gestern war ich mit meiner Schwester und meiner Mutter im Zoo.
- ☐ Gestern war ich mit meiner Schwester und meiner Mutter im Haus.

- ☒ Zuerst waren wir bei den Giraffen und bei den Seehunden.
- ☐ Zuerst waren wir bei den Löwen und bei den Seehunden.
- ☐ Zuerst waren wir bei den Giraffen und bei den Seepferden.

- ☒ Der große Gorilla Paul war ausgebrochen.
- ☐ Der große Gorilla Pali war ausgebrochen.
- ☐ Der große Gorilla Paul war ausgebüxt.

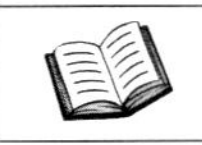

Lies die Sätze. ☆☆☆☆☆ 3

Der Bankeinbruch

Ede hatte den Code für den Tresor in der Bank.
Darum schlichen wir uns nach Geschäftsschluss in das Gebäude. Wir huschten die Treppe hinunter.
Endlich waren wir im Tresorraum.
Ede drehte lange an dem Zahlenschloss.
Endlich öffnete sich die Tresortür.
Doch der Tresor war leer.

Welcher Satz ist richtig? Kreuze ihn an.

- ☐ Eduard hatte den Code für den Tresor in der Bank.
- ☐ Ede hatte den Code für den Safe in der Bank.
- ☐ Ede hatte den Code für den Tresor in der Bank.

- ☐ Wir huschten die Treppe hinunter.
- ☐ Wir schlichen die Treppe hinunter.
- ☐ Wir huschten die Leiter hinunter.

- ☐ Doch der Tresor war leer.
- ☐ Doch der Geldschrank war leer.
- ☐ Doch der Tresor war leicht.

Alles richtig gemacht? ☆☆☆☆☆ 3

Der Bankeinbruch

- ☐ Eduard hatte den Code für den Tresor in der Bank.
- ☐ Ede hatte den Code für den Safe in der Bank.
- ☒ Ede hatte den Code für den Tresor in der Bank.

- ☒ Wir huschten die Treppe hinunter.
- ☐ Wir schlichen die Treppe hinunter.
- ☐ Wir huschten die Leiter hinunter.

- ☒ Doch der Tresor war leer.
- ☐ Doch der Geldschrank war leer.
- ☐ Doch der Tresor war leicht.

Lies die Sätze. 4

Der Flaschengeist

In diesem Jahr war ich mit meinen Eltern an der See.
Jeden Tag ging ich an den Strand.
Eines Morgens fand ich eine Flasche.
Ich hob sie auf und schaute hinein.
Ein kleines grünes Männchen steckte darin.
Ich öffnete den Deckel und ließ den Flaschengeist frei.

Welcher Satz ist richtig? Kreuze ihn an.

- ☐ In diesem Jahr war ich mit meinen Eltern an dem See.
- ☐ In diesem Jahr war ich mit meinen Eltern an der See.
- ☐ In diesem Jahr war ich mit meinen Brüdern an der See.

- ☐ Eines Morgens fand ich eine Tasche.
- ☐ Eines Abends fand ich eine Flasche.
- ☐ Eines Morgens fand ich eine Flasche.

- ☐ Ein kleines blaues Männchen steckte darin.
- ☐ Ein großes grünes Männchen steckte darin.
- ☐ Ein kleines grünes Männchen steckte darin.

Alles richtig gemacht? 4

Der Flaschengeist

- ☐ In diesem Jahr war ich mit meinen Eltern an dem See.
- ☒ In diesem Jahr war ich mit meinen Eltern an der See.
- ☐ In diesem Jahr war ich mit meinen Brüdern an der See.

- ☐ Eines Morgens fand ich eine Tasche.
- ☐ Eines Abends fand ich eine Flasche.
- ☒ Eines Morgens fand ich eine Flasche.

- ☐ Ein kleines blaues Männchen steckte darin.
- ☐ Ein großes grünes Männchen steckte darin.
- ☒ Ein kleines grünes Männchen steckte darin.

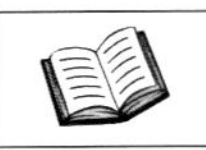

Lies die Sätze. 5

Ein Bär zu Besuch

Mein Freund Jan und ich machten eine lange Wanderung durch den Wald.
An einem Bach hielten wir an.
Hier gab es Blaubeeren.
Wir pflückten sie und aßen sie.
Plötzlich hörten wir hinter uns jemanden brummen.
Jan und ich drehten uns um.
Hinter uns tauchte ein großer Bär auf.

Welcher Satz ist richtig? Kreuze ihn an.

☐ Mein Freund Jim und ich machten eine lange Wanderung durch den Wald.
☐ Mein Freund Jan und ich machten eine lange Wanderung durch den Wald.
☐ Mein Freund Jan und ich machten eine schöne Wanderung durch den Wald.

☐ Plötzlich sahen wir hinter uns jemanden brummen.
☐ Plötzlich hörten wir hinter uns jemanden rufen.
☐ Plötzlich hörten wir hinter uns jemanden brummen.

☐ Hinter uns tauchte ein großer Bär auf.
☐ Hinter uns tauchte ein großer Baum auf.
☐ Hinter uns trat ein großer Bär auf.

Alles richtig gemacht? 5

Ein Bär zu Besuch

☐ Mein Freund Jim und ich machten eine lange Wanderung durch den Wald.
☒ Mein Freund Jan und ich machten eine lange Wanderung durch den Wald.
☐ Mein Freund Jan und ich machten eine schöne Wanderung durch den Wald.

☐ Plötzlich sahen wir hinter uns jemanden brummen.
☐ Plötzlich hörten wir hinter uns jemanden rufen.
☒ Plötzlich hörten wir hinter uns jemanden brummen.

☒ Hinter uns tauchte ein großer Bär auf.
☐ Hinter uns tauchte ein großer Baum auf.
☐ Hinter uns trat ein großer Bär auf.

Lies die Sätze. 6

Das Nachbarhaus

Ich konnte gestern lange nicht einschlafen.
Darum stand ich auf und schaute aus dem Fenster.
Plötzlich bekam ich einen großen Schrecken.
Aus dem Schornstein im Nachbarhaus kam Rauch.
Aber eigentlich wohnte dort niemand mehr.

Welcher Satz ist richtig? Kreuze ihn an.

- [ ] Ich konnte gerade lange nicht einschlafen.
- [ ] Ich konnte gestern lange nicht einschlafen.
- [ ] Ich konnte gestern längst nicht einschlafen.

- [ ] Aus dem Schornstein im Nachbarhaus kam Rauch.
- [ ] Aus dem Dachstuhl im Nachbarhaus kam Rauch.
- [ ] Aus dem Schornstein im Nebenhaus kam Rauch.

- [ ] Aber eigentlich lebte dort niemand mehr.
- [ ] Aber eigentlich wohnte hier niemand mehr.
- [ ] Aber eigentlich wohnte dort niemand mehr.

Alles richtig gemacht? 6

Das Nachbarhaus

- [ ] Ich konnte gerade lange nicht einschlafen.
- [x] Ich konnte gestern lange nicht einschlafen.
- [ ] Ich konnte gestern längst nicht einschlafen.

- [x] Aus dem Schornstein im Nachbarhaus kam Rauch.
- [ ] Aus dem Dachstuhl im Nachbarhaus kam Rauch.
- [ ] Aus dem Schornstein im Nebenhaus kam Rauch.

- [ ] Aber eigentlich lebte dort niemand mehr.
- [ ] Aber eigentlich wohnte hier niemand mehr.
- [x] Aber eigentlich wohnte dort niemand mehr.

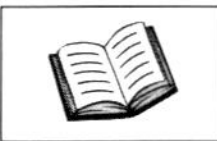

Lies die Sätze. ☆☆☆☆☆ **7**

Der große Fang

Meine Brüder und ich gehen gerne angeln.
Besonders gerne sitzen wir an einem See
in unserer Nähe.
Plötzlich wurde meine Angel weit ins
Wasser gezogen.
Ein Riesenfisch, dachte ich sofort.
Mit viel Mühe zog ich meine Angel aus dem Wasser.
An der Schnur hing ein alter Schuh.

Welcher Satz ist richtig? Kreuze ihn an.

- ☐ Meine Brüder und ich sehen gerne angeln.
- ☐ Meine Brüder und ich gehen gerne angeln.
- ☐ Meine Brüder und ich gehen gerne arbeiten.

- ☐ Plötzlich wird meine Angel weit ins Wasser gezogen.
- ☐ Plötzlich wurde meine Angel weit ins Wasser gezogen.
- ☐ Plötzlich wurde meine Angel weit ins Meer gezogen.

- ☐ An der Angel hing ein alter Schuh.
- ☐ An der Schnur hing ein armer Schuh.
- ☐ An der Schnur hing ein alter Schuh.

Alles richtig gemacht? ☆☆☆☆☆ **7**

Der große Fang

- ☐ Meine Brüder und ich sehen gerne angeln.
- ☒ Meine Brüder und ich gehen gerne angeln.
- ☐ Meine Brüder und ich gehen gerne arbeiten.

- ☐ Plötzlich wird meine Angel weit ins Wasser gezogen.
- ☒ Plötzlich wurde meine Angel weit ins Wasser gezogen.
- ☐ Plötzlich wurde meine Angel weit ins Meer gezogen.

- ☐ An der Angel hing ein alter Schuh.
- ☐ An der Schnur hing ein armer Schuh.
- ☒ An der Schnur hing ein alter Schuh.

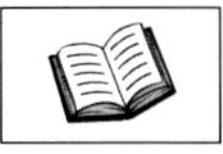 **Lies die Sätze.** ☆☆☆☆☆ 8

Nachts im Garten

Eigentlich will ich so gerne mal draußen schlafen.
Darum hänge ich meine Hängematte in den Garten.
Der Vollmond scheint hell. Eine Katze miaut leise.
Eine Fledermaus flattert um mich herum.
Eine Mücke sticht mich.
Schließlich reicht es mir
und ich kehre in mein Zimmer zurück.

Welcher Satz ist richtig? Kreuze ihn an.

- ☐ Darum lege ich meine Hängematte in den Garten.
- ☐ Darum hänge ich meine Hängematte in den Garten.
- ☐ Darum hänge ich meine Hängematte in den Park.

- ☐ Eine Fledermaus fliegt um mich herum.
- ☐ Eine Fledermaus flattert um mich herum.
- ☐ Eine Fliegemaus flattert um mich herum.

- ☐ Eine Mücke sticht mich.
- ☐ Eine Mücke piekst mich.
- ☐ Eine Maus sticht mich.

Alles richtig gemacht? ☆☆☆☆☆ 8

Nachts im Garten

- ☐ Darum lege ich meine Hängematte in den Garten.
- ☒ Darum hänge ich meine Hängematte in den Garten.
- ☐ Darum hänge ich meine Hängematte in den Park.

- ☐ Eine Fledermaus fliegt um mich herum.
- ☒ Eine Fledermaus flattert um mich herum.
- ☐ Eine Fliegemaus flattert um mich herum.

- ☒ Eine Mücke sticht mich.
- ☐ Eine Mücke piekst mich.
- ☐ Eine Maus sticht mich.

Lies die Sätze.

 1

Gestern machte ich mit meiner Freundin
einen kleinen Spaziergang durch das Moor.
Plötzlich hörten wir
ein Grunzen und Brummen.
Es hörte sich ganz schaurig an.
Und dann sahen wir
einen Frosch im Schilf sitzen.
Er war ganz blau.
Es war ein Moorfrosch.

Welche Überschrift passt?
Kreuze sie an und schreibe sie auf die Zeile.

☐ Hilfe, Gespenster

☐ Der blaue Frosch

☐ Ein Hund namens Wanda

☐ Meine Freundin und ich

Alles richtig gemacht?

1

☐ Hilfe, Gespenster

☒ Der blaue Frosch

☐ Ein Hund namens Wanda

☐ Meine Freundin und ich

Der blaue Frosch

Lies die Sätze. 1

Papa hat sich ein neues Auto gekauft.
Es ist eine große Limousine
mit zwei Bankreihen.
Jetzt haben meine drei Schwestern
und ich genug Platz.
Meine kleine Schwester sitzt
immer noch in einem Babysitz.
Wir anderen haben einen Kindersitz.
Weil wir jetzt so viel Platz haben, streiten wir viel weniger.

Welche Überschrift passt?
Kreuze sie an und schreibe sie auf die Zeile.

- [ ] Als ich einmal Angst hatte
- [ ] Endlich Ferien
- [ ] Meine Großeltern und ich
- [ ] Unser neues Auto

____

Alles richtig gemacht? 1

- [ ] Als ich einmal Angst hatte
- [ ] Endlich Ferien
- [ ] Meine Großeltern und ich
- [x] Unser neues Auto

Unser neues Auto

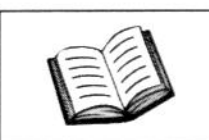

Lies die Sätze.

☆☆☆☆ 2

Als ich gestern aus unserem Gartentor trat,
sah ich auf dem Boden merkwürdige Zeichen.
Ich folgte ihnen.
Sie führten mich in einen Park.
An einem alten Baum endeten sie.
Ich schaufelte die Erde an die Seite.
Da entdeckte ich
unter der Erde eine kleine Kiste.
In ihr befand sich ein goldener Ring.

Welche Überschrift passt?
Kreuze sie an und schreibe sie auf die Zeile.

- ☐ Die Schatzkiste
- ☐ Der unheimliche Mann
- ☐ Ich will ein Eis
- ☐ In der Nacht

Alles richtig gemacht?

☆☆☆☆ 2

- ☒ Die Schatzkiste
- ☐ Der unheimliche Mann
- ☐ Ich will ein Eis
- ☐ In der Nacht

Die Schatzkiste

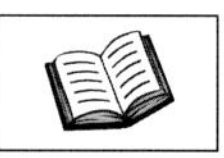

Lies die Sätze. ☆☆☆☆ 3

Endlich war der See im Stadtpark zugefroren.
Mein Freund Tobias und ich holten
unsere Schlittschuhe aus dem Keller.
Dann glitten wir über das glitzernde Eis.
Das war toll.
Einmal wollte ich eine Pirouette machen.
Aber ich stolperte und fiel auf die Nase.

Welche Überschrift passt?
Kreuze sie an und schreibe sie auf die Zeile.

- ☐ Ein schlimmes Gewitter
- ☐ Schrecken am Abend
- ☐ Haltet den Dieb
- ☐ Eislaufen

____

Alles richtig gemacht? ☆☆☆☆ 3

- ☐ Ein schlimmes Gewitter
- ☐ Schrecken am Abend
- ☐ Haltet den Dieb
- ☒ Eislaufen

Eislaufen
____

Lies die Sätze.

1

Jeden Tag kauft sich Linus in dem kleinen Geschäft neben der Schule ein paar Süßigkeiten.
Besonders gerne mag er die grünen Gummischlangen.
Aber er liebt auch Kirschenlutscher und Eis.
Seine Mutter weiß nichts davon.
Sie wundert sich immer, dass er keinen Hunger mehr hat.

Welche Überschrift passt?
Kreuze sie an und schreibe sie auf die Zeile.

☐ Dringend gesucht

☐ Süßigkeiten nach der Schule

☐ Ein schönes Geschenk

☐ Endlich Ferien

Alles richtig gemacht?

1

☐ Dringend gesucht

☒ Süßigkeiten nach der Schule

☐ Ein schönes Geschenk

☐ Endlich Ferien

Süßigkeiten nach der Schule

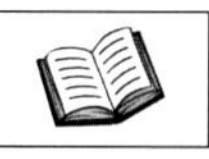

Lies die Sätze. ☆☆☆☆☆ **2**

Immer brachte uns Onkel Kurt
etwas von seiner Reise mit.
Diesmal schenkte er uns eine kleine Kröte.
Sie hockte in einem Glas.
Wir fütterten sie,
und sie wurde größer und größer.
Als sie nicht mehr in das Glas passte,
schenkten wir ihr die Freiheit.

Welche Überschrift passt?
Kreuze sie an und schreibe sie auf die Zeile.

- ☐ Eine lange Wanderung
- ☐ Auf der Reise
- ☐ Rettung in letzter Minute
- ☐ Onkel Kurts Geschenk

Alles richtig gemacht? ☆☆☆☆☆ **2**

- ☐ Eine lange Wanderung
- ☐ Auf der Reise
- ☐ Rettung in letzter Minute
- ☒ Onkel Kurts Geschenk

Onkel Kurts Geschenk

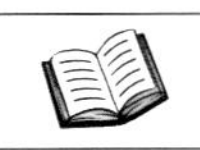

Lies die Sätze. ☆☆☆☆☆ 3

In diesen Sommerferien kam mich meine Freundin besuchen. Jeden Tag gingen wir schwimmen. Wir fuhren mit dem Boot über den See bis zu einer kleinen Insel. Dort hatten wir einen Strand ganz für uns alleine. Die Tage vergingen viel zu schnell.

Welche Überschrift passt?
Kreuze sie an und schreibe sie auf die Zeile.

- ☐ Tante Ilse kommt
- ☐ Auf der Insel
- ☐ Keine Angst vor Flughunden
- ☐ Das schreckliche Diktat

____

Alles richtig gemacht? ☆☆☆☆☆ 3

- ☐ Tante Ilse kommt
- ☒ Auf der Insel
- ☐ Keine Angst vor Flughunden
- ☐ Das schreckliche Diktat

Auf der Insel

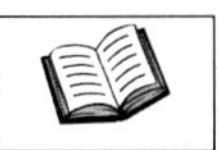

Lies die Sätze.

4

Ich habe gar nicht gewusst, dass es Riesen gibt.
Aber dann eines Tages bin ich einem begegnet.
Er lag auf der Wiese hinter unserem Haus.
Zuerst bekam ich einen großen Schrecken.
Aber der Riese war sehr freundlich.
Er hatte sich verlaufen, und ich zeigte ihm den Weg.

Welche Überschrift passt?
Kreuze sie an und schreibe sie auf die Zeile.

- ☐ Begegnung mit einem Riesen
- ☐ Ich war das nicht
- ☐ Das neue Auto
- ☐ Der Fahrradunfall

____

Alles richtig gemacht?

4

- ☒ Begegnung mit einem Riesen
- ☐ Ich war das nicht
- ☐ Das neue Auto
- ☐ Der Fahrradunfall

Begegnung mit einem Riesen